AF198888

Impressum
Verlag: BABADADA GmbH, Nedderfeld 112 , 22529 Hamburg
Geschäftsführer / Verlagsleitung: Harald Hof
Druck: Books on Demand GmbH, In de Tarpen 42, 22848 Norderstedt

Imprint
Publisher: BABADADA GmbH, Nedderfeld 112 , 22529 Hamburg, Germany
Managing Director / Publishing direction: Harald Hof
Print: Books on Demand GmbH, In de Tarpen 42, 22848 Norderstedt

school
Szkoła

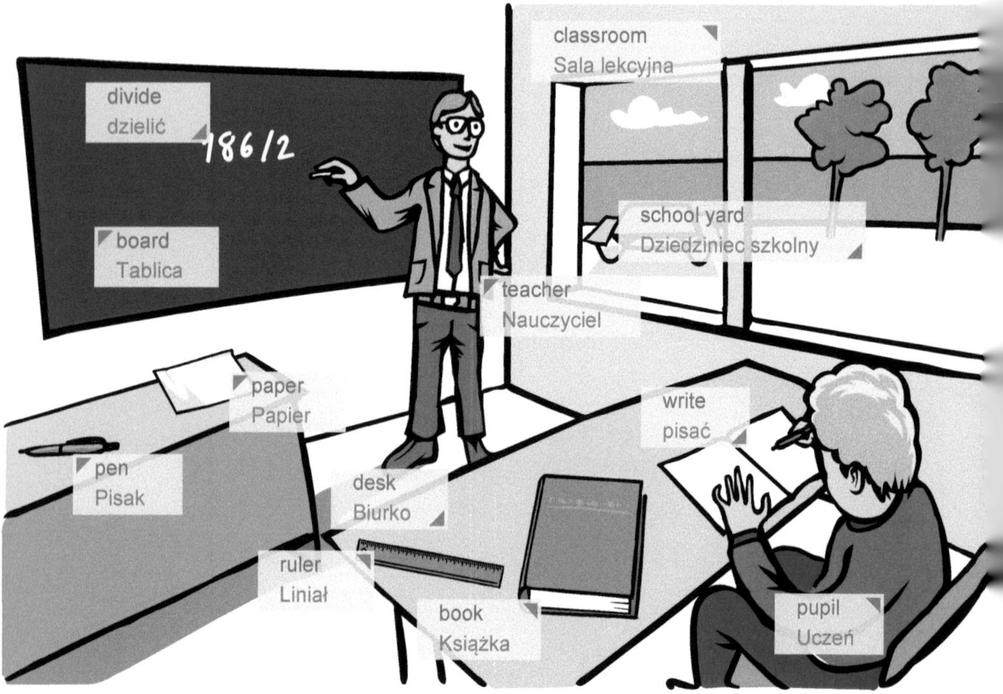
classroom
Sala lekcyjna
divide
dzielić
186/2
board
Tablica
school yard
Dziedziniec szkolny
teacher
Nauczyciel
paper
Papier
write
pisać
pen
Pisak
desk
Biurko
ruler
Liniał
book
Książka
pupil
Uczeń

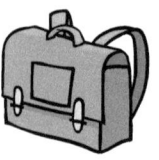

satchel
Plecak szkolny

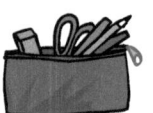

pencil case
Piórnik

pencil
Ołówek

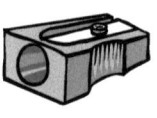

pencil sharpener
Temperówka

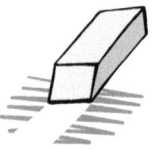

rubber
Gumka do mazania

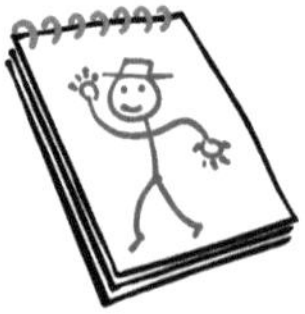

drawing pad
Blok rysunkowy

drawing

Rysunek

paintbrush

Pędzel

paint box

Pudełko z akwarelami

scissors

Nożyce

glue

Klej

exercise book

Książka do ćwiczenia

homework

Zadanie domowe

number

Liczba

add

dodawać

subtract

odejmować

multiply

mnożyć

calculate

liczyć

letter

Litera

alphabet

Alfabet

word

Słowo

text	read	chalk
Tekst	czytać	Kreda

lesson	register	examination
Godzina	Dziennik lekcyjny	Egzamin

certificate	school uniform	education
Świadectwo	Mundurek szkolny	Wykształcenie

encyclopedia	university	microscope
Leksykon	Uniwersytet	Mikroskop

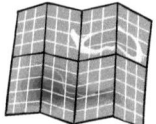		
map	waste-paper basket	
Mapa	Kosz na odpadki	

travel
Podróż

hotel
Hotel
Grand
hostel
Schronisko
ROOMS
currency exchange office
Kantor wymiany walut
EXCHANGE
car
Auto

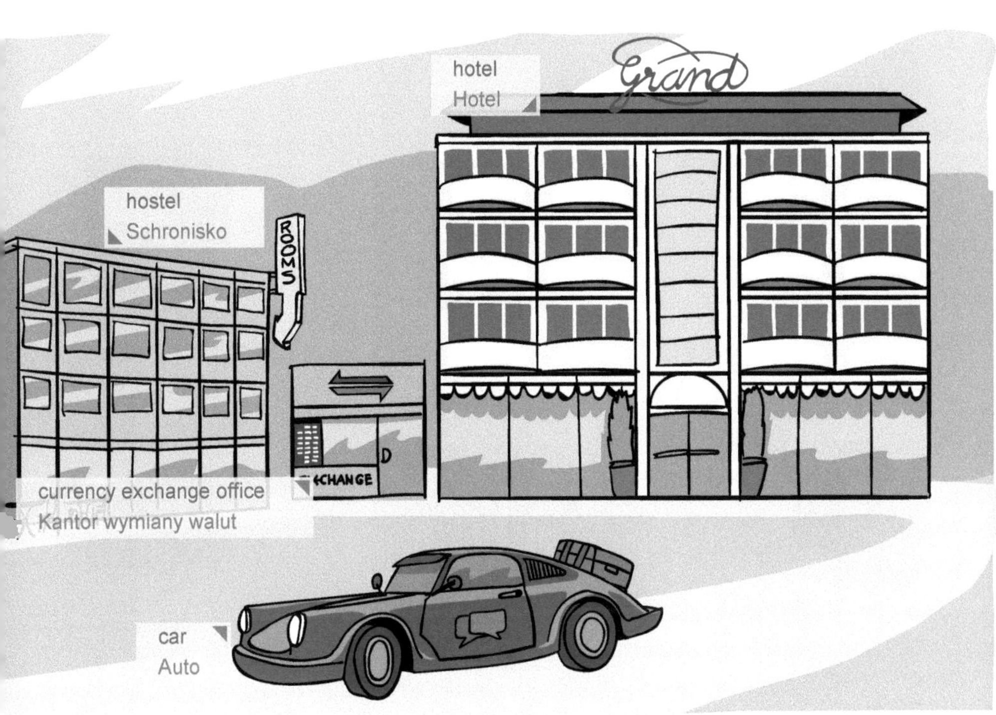

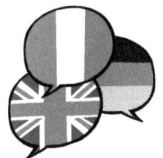

language
Język

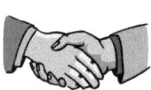

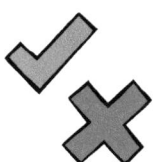

yes / no
tak / nie

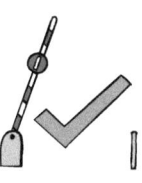

Okay
OK

hello
Halo

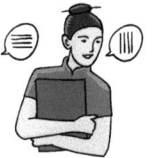

translator
Tłumacz

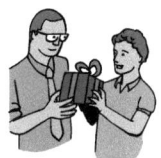

Thank you
Dziękuję

how much is...?

Ile kosztuje ...?

I don´t get it

Nie rozumiem

problem

Problem

Good evening!

Dobry wieczór!

Good morning!

Dzień dobry!

Good night!

Dobranoc!

goodbye

Do widzenia

direction

Kierunek

luggage

Bagaż

bag

Torba

backpack

Plecak

guest

Gość

room

Pokój

sleeping bag

Śpiwór

tent

Namiot

tourist information

Informacja turystyczna

beach

Plaża

credit card

Karta kredytowa

breakfast

Śniadanie

lunch

Obiad

dinner

Kolacja

Ticket

Bilet

elevator

Winda

stamp

Znaczek na list

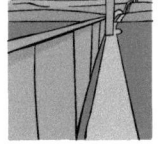

border

Granica

customs

Cło

embassy

Ambasada

visa

Wiza

passport

Paszport

transport
Transport

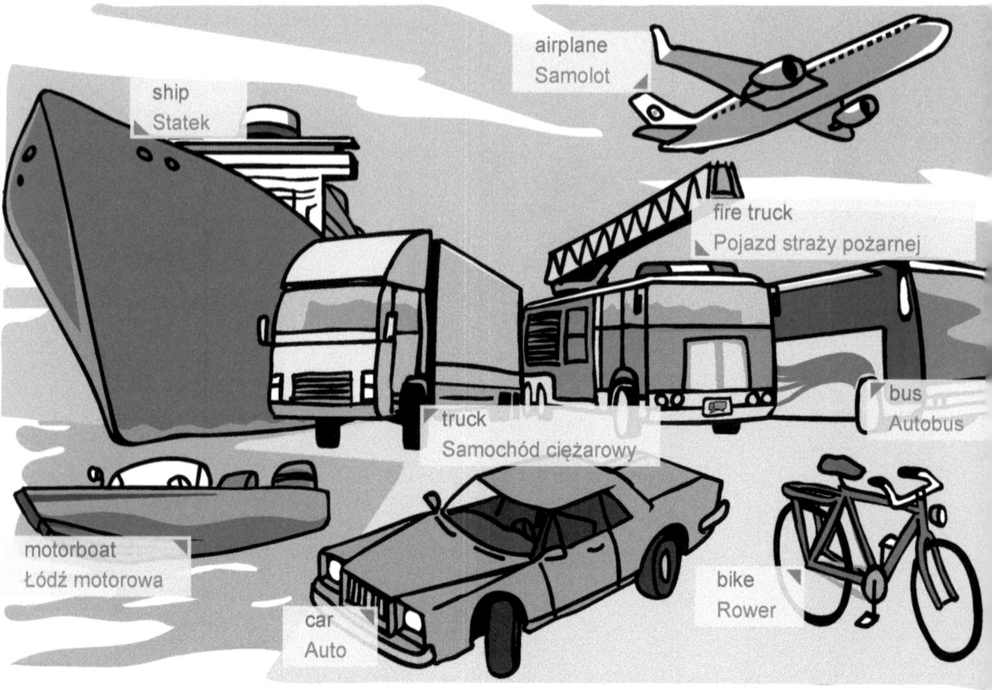
airplane
Samolot
ship
Statek
fire truck
Pojazd straży pożarnej
bus
Autobus
truck
Samochód ciężarowy
motorboat
Łódź motorowa
bike
Rower
car
Auto

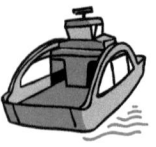

ferry

Prom

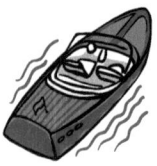

boat

Łódź

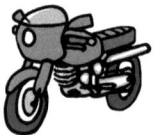

motorbike

Motocykl

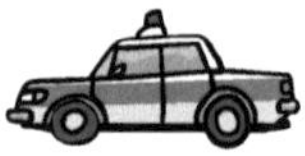

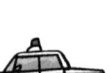

police car

Radiowóz policyjny

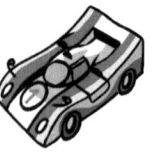

racing car

Samochód wyścigowy

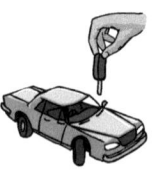

rental car

Samochód wypożyczony

car sharing

Wspólne przejazdy
samochodem

tow truck

Samochód pomocy
drogowej

garbage truck

Śmieciarka

engine

Silnik

fuel

Benzyna

fuel station

Stacja benzynowa

traffic sign

Znak drogowy

traffic

Ruch

traffic jam

Korek

parking lot

Parking

train station

Dworzec

tracks

Szyny

train

Pociąg

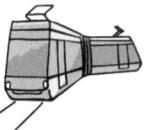

tram

Tramwaj

wagon

Wagon

helicopter
Helikopter

airport
Lotnisko

tower
Wieża

passenger
Pasażer

container
Kontener

carton
Karton

cart
Taczka

basket
Kosz

take off / land
startować / lądować

city
Miasto

village
Wieś

city center
Centrum miasta

house
Dom

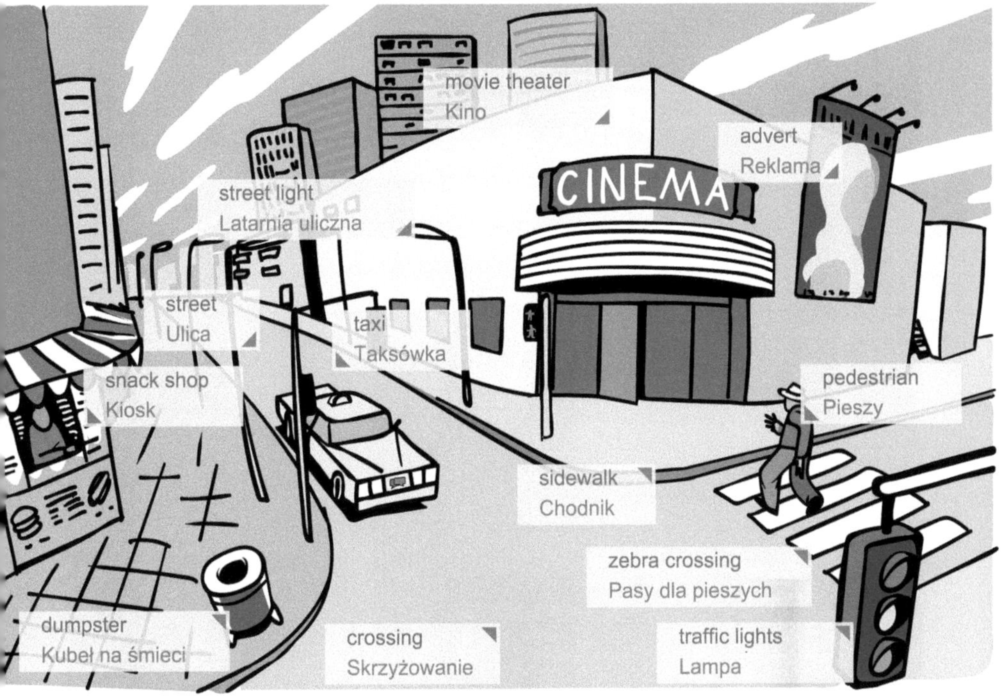

movie theater
Kino

advert
Reklama

street light
Latarnia uliczna

CINEMA

street
Ulica

taxi
Taksówka

snack shop
Kiosk

pedestrian
Pieszy

sidewalk
Chodnik

zebra crossing
Pasy dla pieszych

dumpster
Kubeł na śmieci

crossing
Skrzyżowanie

traffic lights
Lampa

hut

Chata

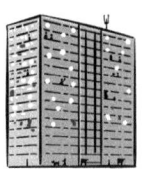

apartment

Mieszkanie

train station

Dworzec

city hall

Ratusz

museum

Muzeum

school

Szkoła

university

Uniwersytet

bank

Bank

hospital

Szpital

hotel

Hotel

pharmacy

Apteka

office

Biuro

book shop

Księgarnia

shop

Sklep

flower shop

Kwiaciarnia

supermarket

Supermarket

market

Rynek

department store

Dom towarowy

fishmonger's shop

Sklep z rybami

mall

Centrum handlowe

harbor

Port

park

Park

bench

Ławka

bridge

Most

stairs

Schody

subway

Metro

tunnel

Tunel

bus stop

Przystanek autobusowy

bar

Bar

restaurant

Restauracja

postbox

Skrzynka na listy

street sign

Tabliczka z nazwą ulicy

parking meter

Parkometr

zoo

Zoo

swimming pool

Łaźnia

mosque

Meczet

farm

Gospodarstwo chłopskie

pollution

Zanieczyszczenie środowiska

cemetery

Cmentarz

church

Kościół

playground

Plac zabaw

temple

Świątynia

landscape
Krajobraz

signpost
Drogowskaz

path
Droga

meadow
Łąka

stone
Kamień

hiker
Wędrowiec

tree
Drzewo

river
Rzeka

grass
Trawa

flower
Kwiat

valley

Dolina

hill

Góra

lake

Jezioro

forest

Las

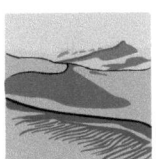

desert

Pustynia

volcano

Wulkan

castle

Zamek

rainbow

Tęcza

mushroom

Grzyb

palm tree

Palma

mosquito

Komar

fly

Mucha

ant

Mrówka

bee

Pszczoła

spider

Pająk

landscape - Krajobraz   15

beetle

Chrząszcz

frog

Żaba

squirrel

Wiewiórka

hedgehog

Jeż

hare

Zając

owl

Sowa

bird

Ptak

swan

Łabędź

boar

Dzik

deer

Jeleń

moose

Łoś

dam

Tama

wind turbine

Wiatrak

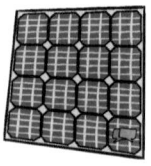

solar panel

Moduł solarny

climate

Klimat

restaurant
Restauracja

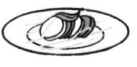

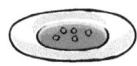

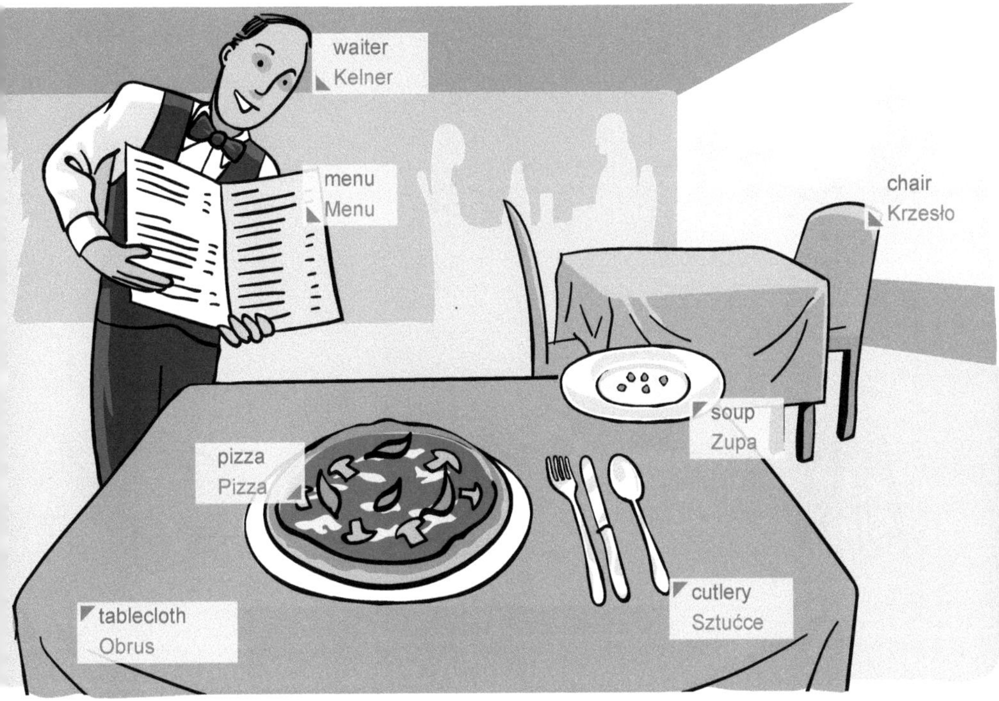
waiter
Kelner
menu
Menu
chair
Krzesło
soup
Zupa
pizza
Pizza
cutlery
Sztućce
tablecloth
Obrus

starter
....
Przystawka

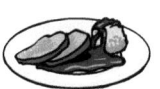

main course
....
Danie główne

dessert
....
Deser

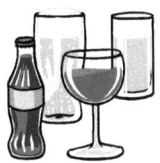

drinks
....
Napoje

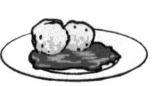

food
....
Jedzenie

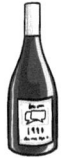

bottle
....
Butelka

fast food
....
Fastfood

street food
....
Streetfood

teapot
....
Dzbanek na herbatę

sugar bowl
....
Cukierniczka

portion
....
Porcja

espresso machine
....
Zaparzarka do espresso

high chair
....
Krzesło dla dziecka

bill
....
Rachunek

tray
....
Taca

knife
....
Nóż

fork
....
Widelec

spoon
....
Łyżka

teaspoon
....
Łyżeczka

serviette
....
Serwetka

glass
....
Szklanka

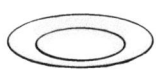

plate

Talerz

soup plate

Talerz do zupy

saucer

Podstawek pod filiżankę

sauce

Sos

salt shaker

Solniczka

pepper mill

Młynek do pieprzu

vinegar

Ocet

oil

Olej

spices

Przyprawy

ketchup

Keczup

mustard

Musztarda

mayonnaise

Majonez

supermarket

Supermarket

special offer
Oferta
FOR
customer
Klient
dairy products
Produkty mleczne
fruit
Owoce
shopping cart
Wózek sklepowy

BUTCHERS

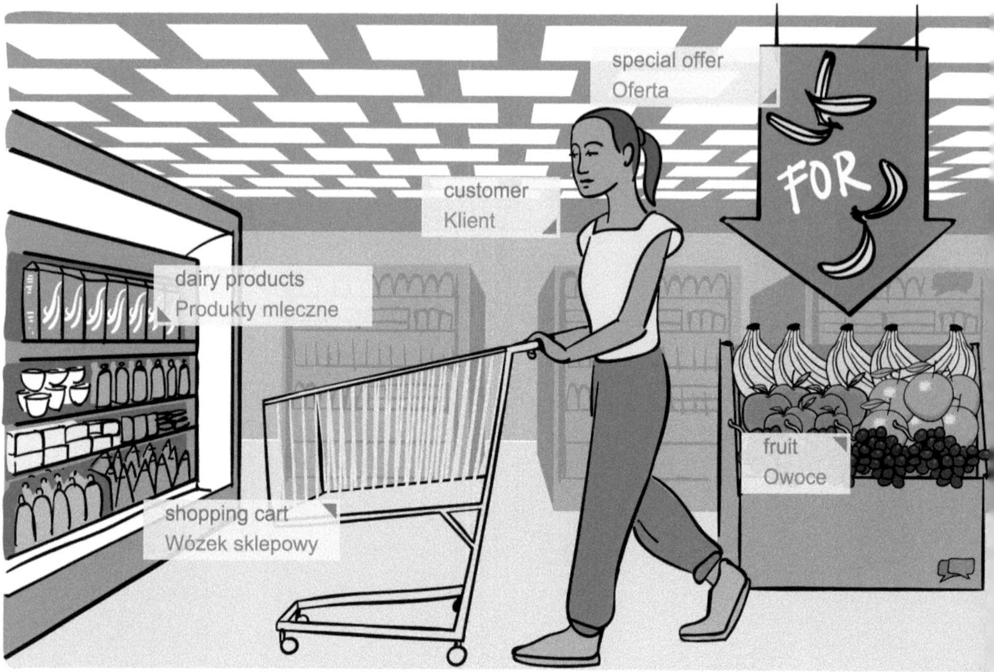

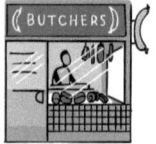

butcher's shop

Rzeźnia

BAKERY

bakery

Piekarnia

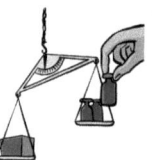

weigh

ważyć

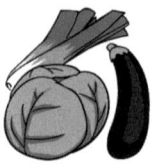

vegetables

Warzywa

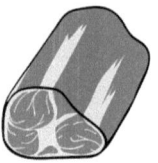

meat

Mięso

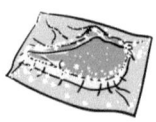

frozen food

Mrożonki

cold cuts

Wędliny

canned food

Konserwy

detergent

Proszek m do prania

candy

Słodycze

household products

Artykuły użytku domowego

cleaning products

Środek czyszczący

sales representative

Sprzedawczyni

cash register

Kasa

cashier

Kasjer

shopping list

Lista zakupów

opening hours

Godziny otwarcia

wallet

Portfel

credit card

Karta kredytowa

bag

Torba

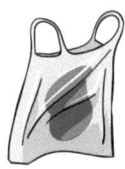

plastic bag

Torebka plastikowa

water
Woda

juice
Sok

milk
Mleko

coke
Cola

wine
Wino

beer
Piwo

alcohol
Alkohol

cocoa
Kakao

tea
Herbata

coffee
Kawa

espresso
Espresso

cappuccino
Cappuccino

banana

Banan

apple

Jabłko

orange

Pomarańcza

melon

Arbuz

lemon

Cytryna

carrot

Marchew

garlic

Czosnek

bamboo

Bambus

onion

Cebula

mushroom

Grzyb

nuts

Orzechy

noodles

Makaron

spaghetti

Spaghetti

rice

Ryż

salad

Sałatka

fries

Frytki

fried potatoes

Ziemniaki pieczone

pizza

Pizza

hamburger

Hamburger

sandwich

Kanapka

escalope

Sznycel

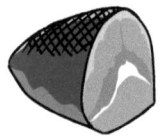

ham

Szynka

salami

Salami

sausage

Kiełbasa

chicken

Kura

roast

Pieczeń

fish

Ryba

porridge oats

Płatki owsiane

muesli

Musli

cornflakes

Płatki kukurydziane

flour

Mąka

croissant

Croissant

bread roll

Bułka

bread

Chleb

toast

Toast

cookies

Ciastka

butter

Masło

curd

Twarożek

cake

Ciasto

egg

Jajko

fried egg

Jajko sadzone

cheese

Ser

ice cream

Lody

sugar

Cukier

honey

Miód

jelly

Marmolada

nougat cream

Krem nugatowy

curry

Curry

farm

Gospodarstwo chłopskie

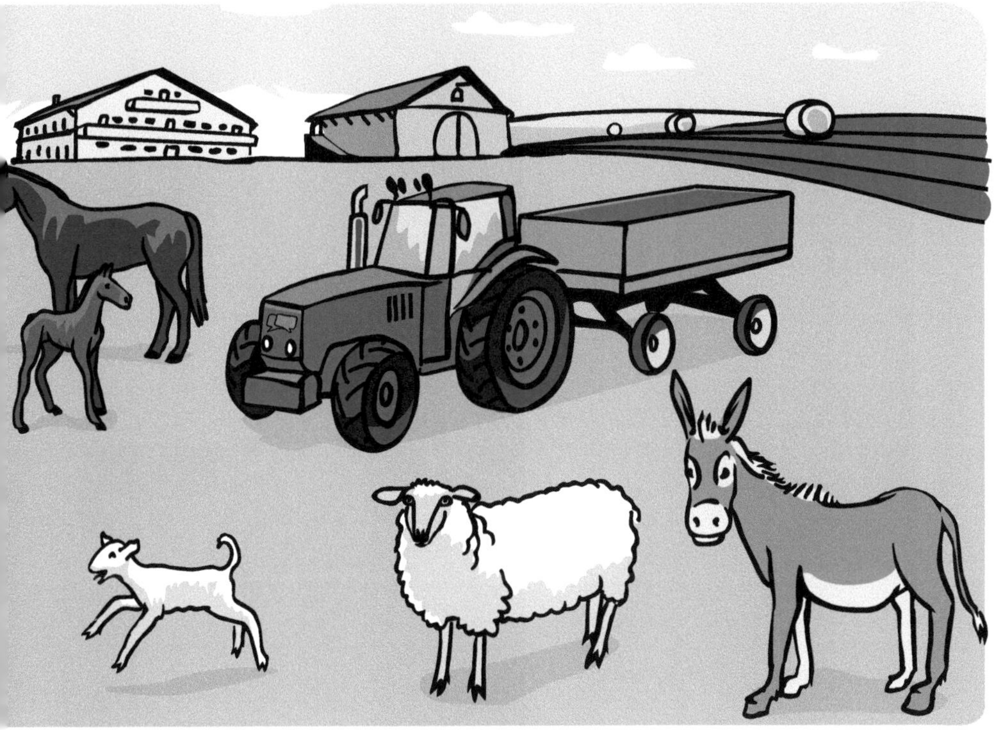

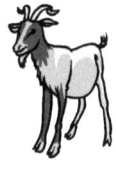

goat

Koza

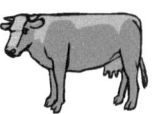

cow

Krowa

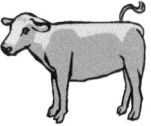

calf

Cielę

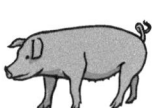

pig

Świnia

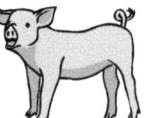

piglet

Prosię

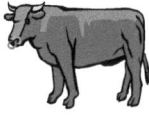

bull

Byk

goose

Gęś

duck

Kaczka

chick

Kurczątko

hen

Kura

cockerel

Kogut

rat

Szczur

cat

Kot

mouse

Mysz

ox

Osioł

dog

Pies

dog house

Buda dla psa

garden hose

Wąż ogrodowy

watering can

Konewka

scythe

Kosa

plow

Pług

sickle

Sierp

hoe

Graca

pitchfork

Widły

axe

Siekiera

pushcart

Taczka

trough

Koryto

milk can

Kanka na mleko

sack

Worek

fence

Płot

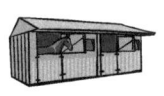

stable

Stajnia

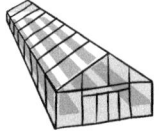

greenhouse

Szklarnia

soil

Ziemia

seed

Nasiona

fertilizer

Nawóz

combine harvester

Kombajn zbożowy

harvest

zbierać

harvest

Żniwa

yams

Podchrzyn

wheat

Pszenica

soya

Soja

potato

Ziemniak

corn

Kukurydza

rapeseed

Rzepak

fruit tree

Drzewo owocowe

manioc

Maniok

grain

Zboże

house
Dom

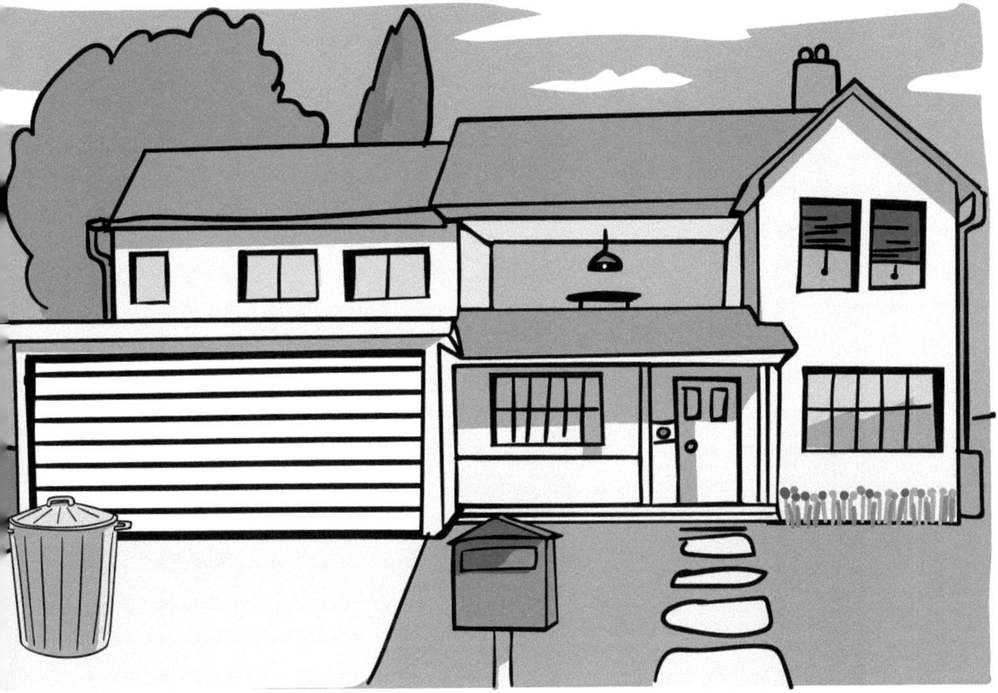

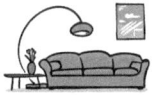

living room
....
Pokój dzienny

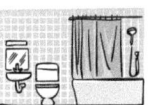

bathroom
....
Łazienka

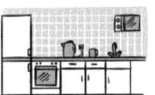

kitchen
....
Kuchnia

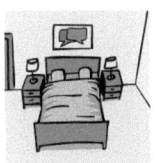

bedroom
....
Sypialnia

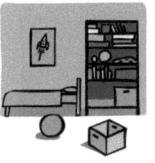

kids room
....
Pokój dziecięcy

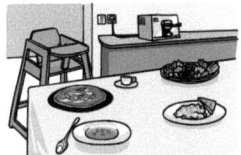

dining room
....
Jadalnia

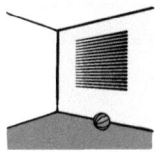

floor

Ziemia

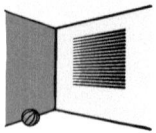

wall

Ściana

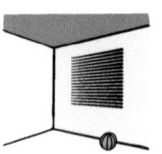

ceiling

Koc

cellar

Piwnica

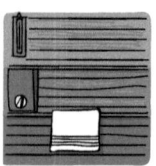

sauna

Sauna

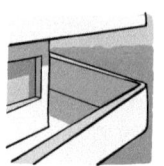

balcony

Balkon

terrace

Taras

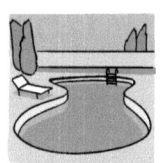

pool

Basen

lawn mower

Kosiarka do trawy

sheet

Poszwa

bedspread

Kołdra

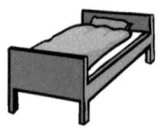

bed

Łóżko

broom

Miotła

bucket

Wiadro

switch

Włącznik

living room
Pokój dzienny

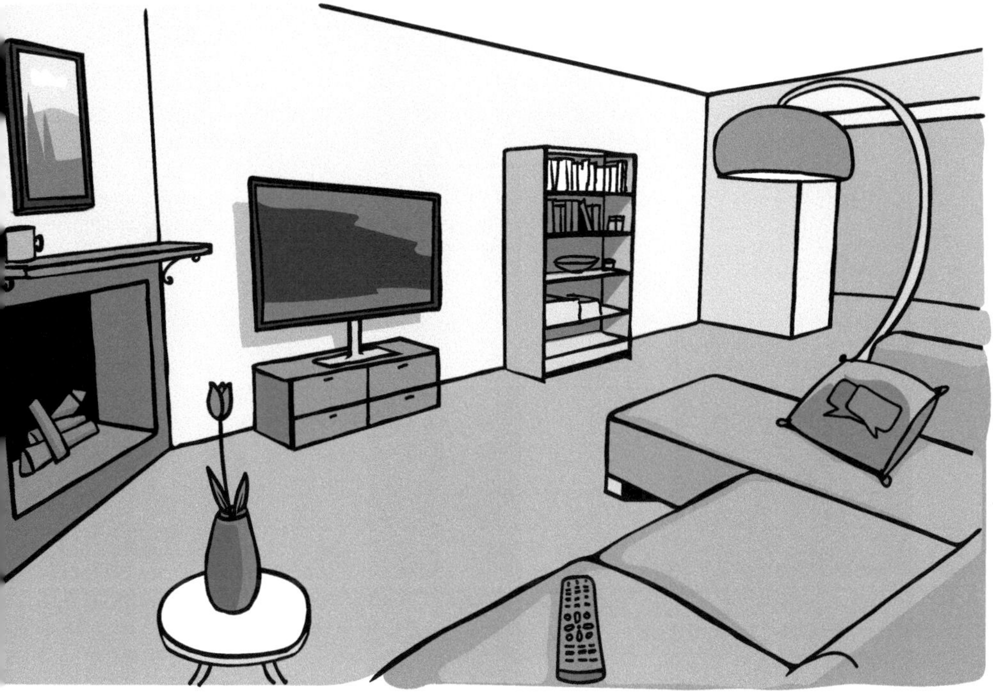

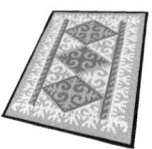

carpet

Dywan

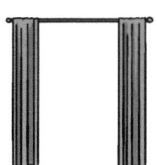

drape

Zasłona

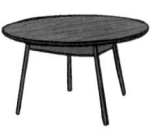

table

Stół

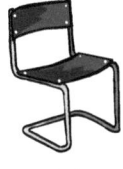

chair

Krzesło

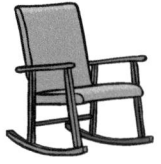

rocking chair

Bujak

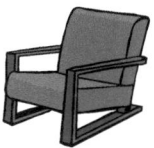

armchair

Fotel

book
....
Książka

blanket
....
Sufit

decoration
....
Dekoracja

firewood
....
Drewno kominkowe

film
....
Film

stereo system
....
Instalacja stereo

key
....
Klucz

newspaper
....
Gazeta

painting
....
Malunek

poster
....
Plakat

radio
....
Radio

notebook
....
Notatnik

vacuum cleaner
....
Odkurzacz

cactus
....
Kaktus

candle
....
Świeczka

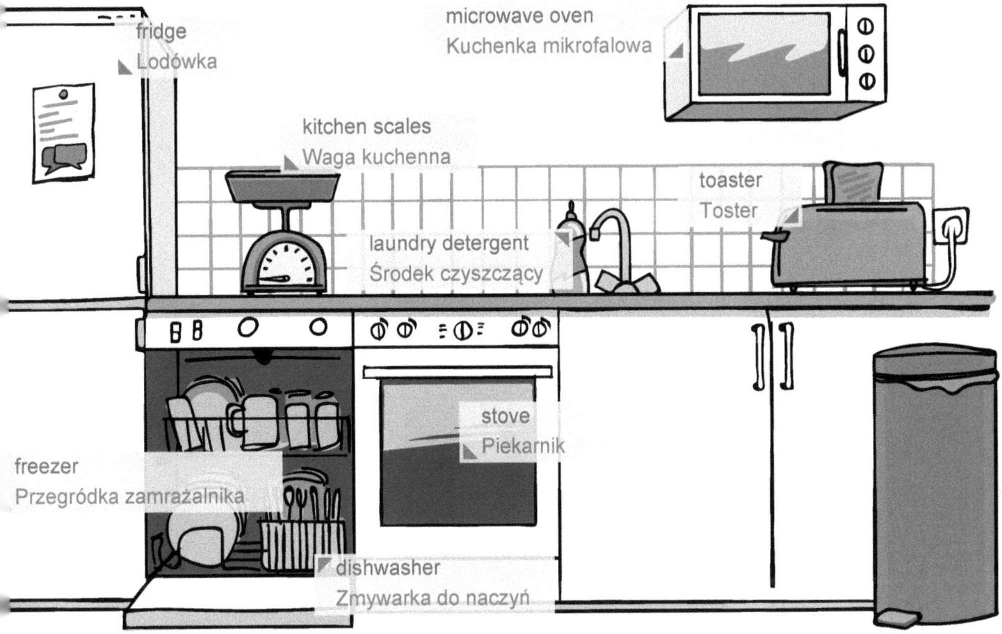

fridge
Lodówka

microwave oven
Kuchenka mikrofalowa

kitchen scales
Waga kuchenna

toaster
Toster

laundry detergent
Środek czyszczący

stove
Piekarnik

freezer
Przegródka zamrażalnika

dishwasher
Zmywarka do naczyń

cooker

Kuchenka

pot

Garnek

cast-iron pot

Kocioł żeliwny

wok / kadai

Wok / Kadai

pan

Patelnia

kettle

Czajnik

steamer

Parowar

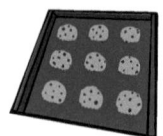

baking tray

Blacha do pieczenia

crockery

Naczynia kuchenne

mug

Kubek

bowl

Miska

chopsticks

Pałeczki

ladle

Nabierka

spatula

Łopatka do smażenia

whisk

Trzepaczka do śmietany

strainer

Cedzak

sieve

Sitko

grater

Tarka

mortar

Moździerz

barbecue

Grillowanie

fireplace

Palenisko

chopping board
Deska

rolling pin
Wałek do ciasta

corkscrew
Korkociąg

can
Puszka

can opener
Otwieracz do puszek

oven cloth
Ściereczka do trzymania garnka

sink
Umywalka

brush
Szczotka

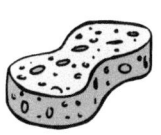

sponge
Gąbka

blender
Mikser

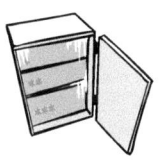

deep freezer
Zamrażarka

baby bottle
Butelka dla niemowlęcia

tap
Kran

bathroom
Łazienka

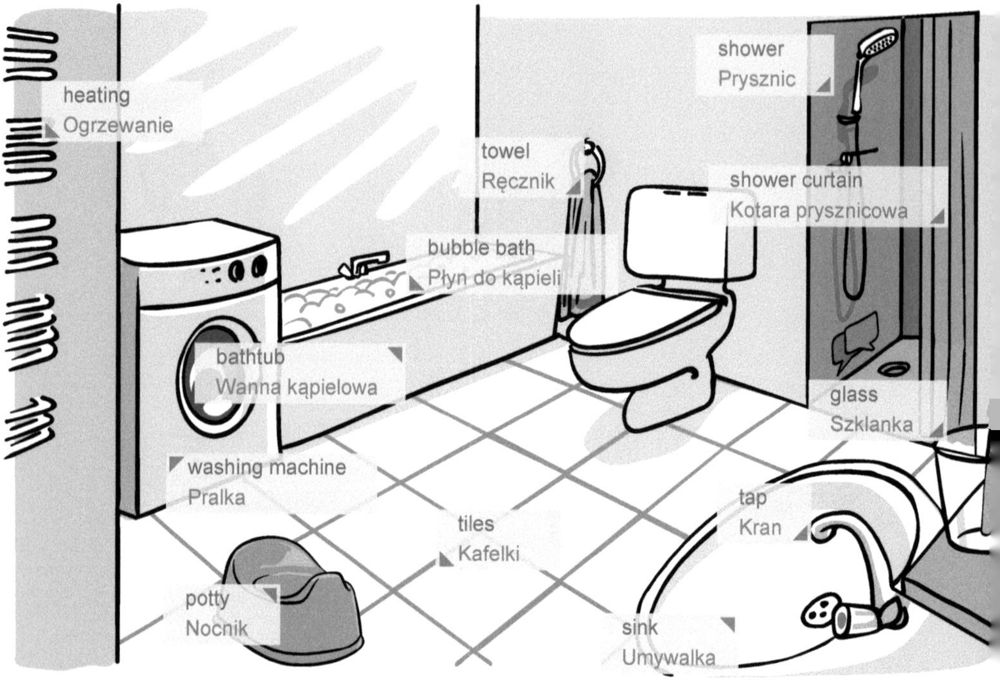

heating
Ogrzewanie
shower
Prysznic
towel
Ręcznik
shower curtain
Kotara prysznicowa
bubble bath
Płyn do kąpieli
bathtub
Wanna kąpielowa
glass
Szklanka
washing machine
Pralka
tap
Kran
tiles
Kafelki
potty
Nocnik
sink
Umywalka

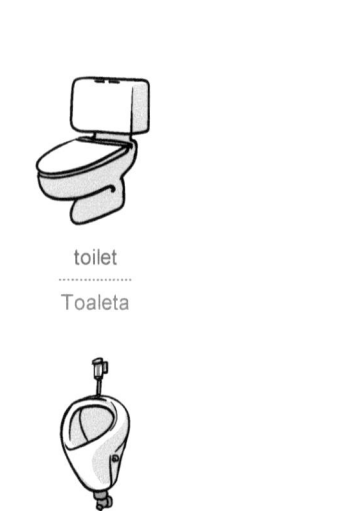

toilet
Toaleta

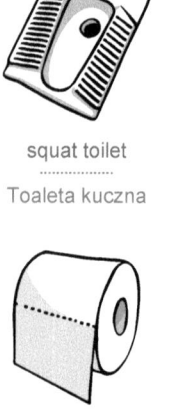

squat toilet
Toaleta kuczna

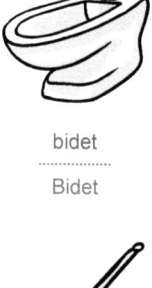

bidet
Bidet

urinal
Pisuar

toilet paper
Papier toaletowy

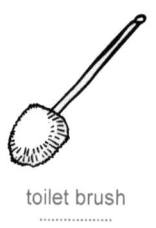

toilet brush
Szczotka toaletowa

toothbrush

Szczoteczka do zębów

toothpaste

Pasta do zębów

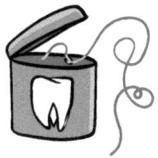

dental floss

Nitki do czyszczenia zębów

wash

myć

hand shower

Głowica prysznicowa

douche

Płyn kąpielowy do higieny intymnej

basin

Miska do mycia

back brush

Szczotka kąpielowa

soap

Mydło

shower gel

Żel prysznicowy

shampoo

Szampon

flannel

Rękawica kąpielowa

drain

Odpływ

creme

Krem

deodorant

Dezodorant

mirror

Lustro

hand mirror

Lustro kosmetyczne

razor

Golarka

shaving foam

Pianka do golenia

aftershave

Woda po goleniu

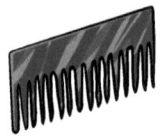

comb

Grzebień

brush

Szczotka

hair-dryer

Suszarka do włosów

hairspray

Spray do włosów

makeup

Makijaż

lipstick

Pomadka

nail varnish

Lakier do paznokci

cotton wool

Wata

nail scissors

Nożyczki do paznokci

perfume

Perfum

washbag

Kosmetyczka

stool

Taboret

weighing scales

Waga

bathrobe

Szlafrok kąpielowy

rubber gloves

Rękawice gumowe

tampon

Tampon

sanitary towel

Podpaska damska

chemical toilet

Toaleta chemiczna

kids room
Pokój dziecięcy

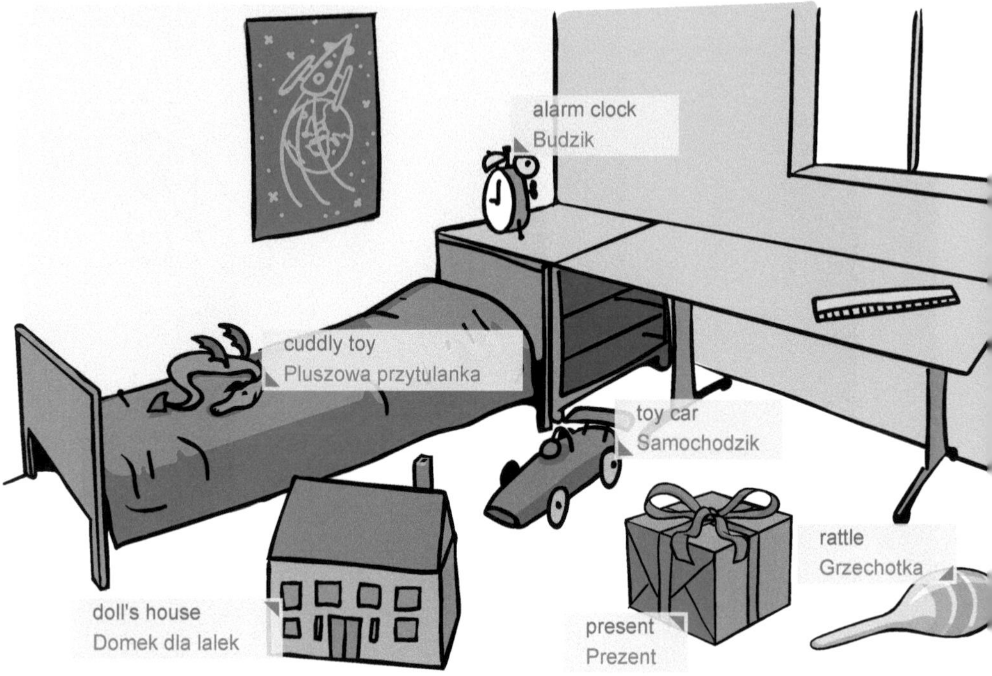
alarm clock
Budzik
cuddly toy
Pluszowa przytulanka
toy car
Samochodzik
rattle
Grzechotka
doll's house
Domek dla lalek
present
Prezent

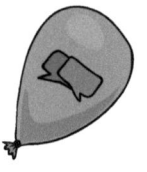

balloon

Balon

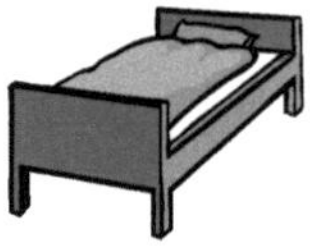

bed

Łóżko

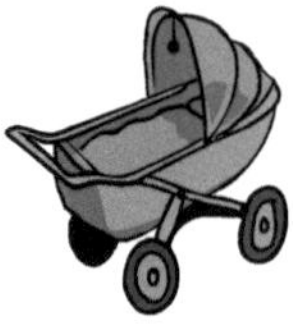

stroller

Wózek dziecięcy

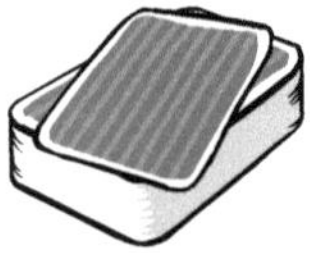

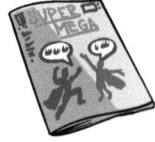

deck of cards

Gra w karty

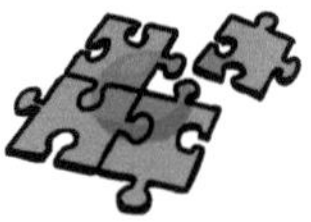

jigsaw

Puzzle

SUPER
MEGA

comic

Komiks

lego bricks
Klocki lego

toy blocks
Klocki

action figure
Action figura

romper suit
Śpioszek dziecięcy

frisbee
Frisbee

mobile
Zabawki ruchome

board game
Gra planszowa

dice
Kości

model train set
Kolejka elektryczna

pacifier
Smoczek

party
Przyjęcie

picture book
Książka z ilustracjami

ball
Piłka

doll
Lalka

play
bawić się

sandpit

Piaskownica

swing

Huśtawka

toys

Zabawki

video game console

Konsola do gier

tricycle

Rowerek trójkołowy

teddy bear

Pluszowy miś

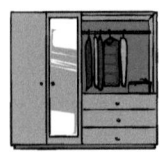

wardrobe

Szafa ubraniowa

clothing
Ubiór

socks

Skarpety

stockings

Pończochy

tights

Rajstopy

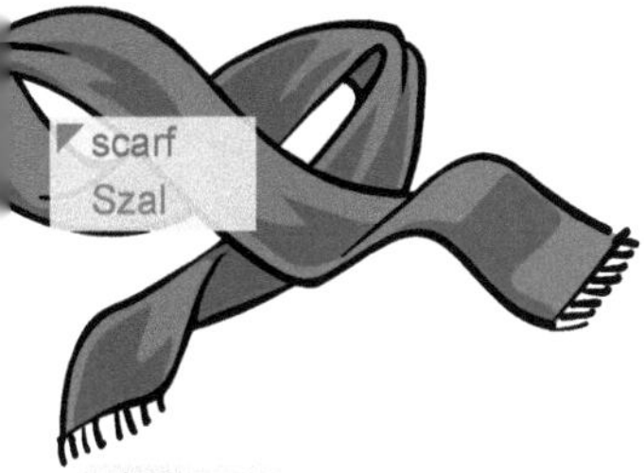

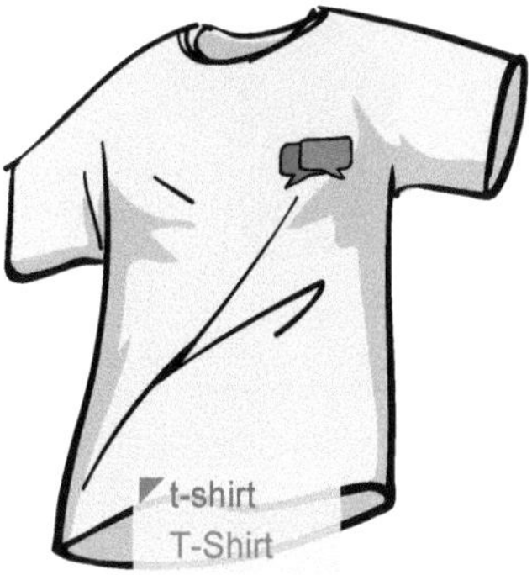

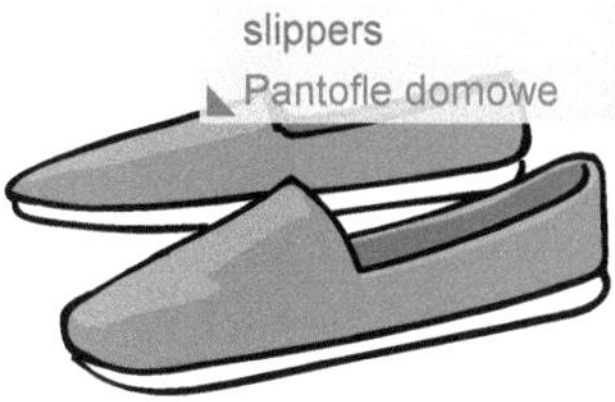

scarf
Szal

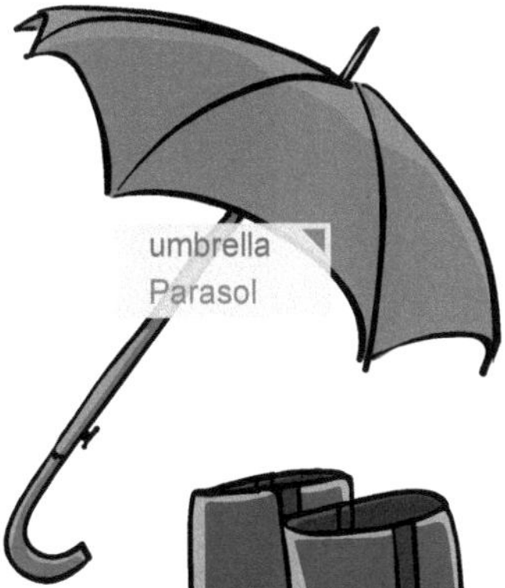

belt
Pasek

umbrella
Parasol

t-shirt
T-Shirt

boots
Kozaki

slippers
Pantofle domowe

sneakers
Obuwie sportowe

sandals

Sandały

shoes

Buty

rubber boots

Kalosze

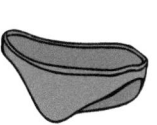

underwear

Majtki

bra

Biustonosz

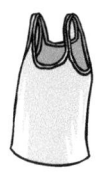

undershirt

Podkoszulek

body

Body

pants

Spodnie

jeans

Dżins

skirt

Spódnica

blouse

Bluzka

shirt

Koszula

pullover

Pulower

sweater

Bluza sportowa

blazer

Marynarka

jacket

Kurtka

coat

Płaszcz

raincoat

Płaszcz przeciwdeszczowy

costume

Kostium

dress

Sukienka

wedding dress

Suknia ślubna

suit

Garnitur męski

nightgown

Koszula nocna

pajamas

Piżama

sari

Sari

headscarf

Chusta na głowę

turban

Turban

burka

Burka

kaftan

Kaftan

abaya

Abaya

swimsuit

Strój kąpielowy

trunks

Kąpielówki

shorts

Krótkie spodnie

tracksuit

Dres sportowy

apron

Fartuch

gloves

Rękawiczki

button

Guzik

glasses

Okulary

bracelet

Bransoletka

necklace

Łańcuszek

ring

Pierścionek

earring

Kolczyk

cap

Czapka

coat hanger

Wieszak

hat

Kapelusz

tie

Krawat

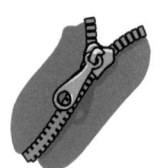

zip

Zamek błyskawiczny

helmet

Kask

braces

Szelki

school uniform

Mundurek szkolny

uniform

Mundur

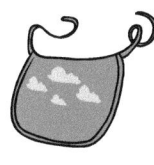

bib

Śliniaczek

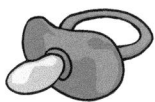

pacifier

Smoczek

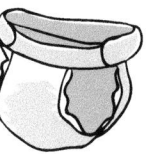

diaper

Pieluszka

office
Biuro

server
Serwer
filing cabinet
Szafa na akta
printer
Drukarka
monitor
Monitor
paper
Papier
mouse
Mysz
desk
Biurko
folder
Segregator
keyboard
Klawiatura
chair
Krzesło
waste-paper basket
Kosz na odpadki
computer
Komputer

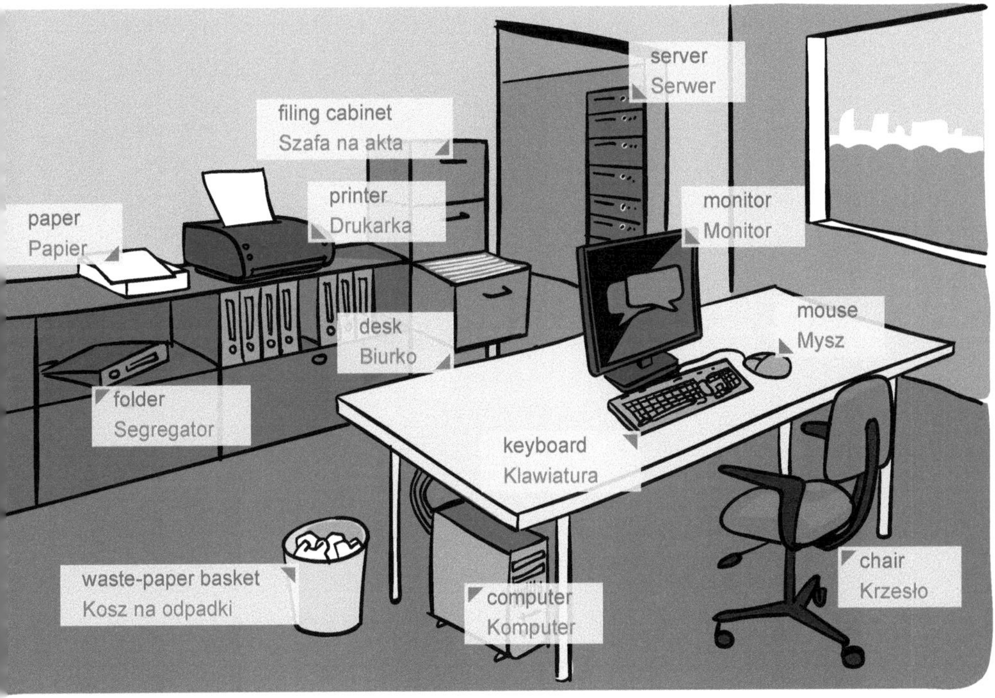

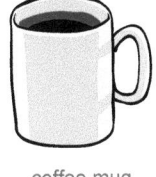

coffee mug

Filiżanka do kawy

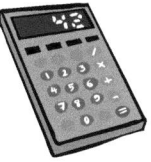

calculator

Kalkulator

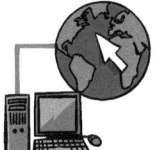

internet

Internet

laptop

Laptop

letter

List

message

Wiadomość

cell phone

Komórka

network

Sieć

photocopier

Kopiarka

software

Oprogramowanie

telephone

Telefon

plug socket

Gniazdko

fax machine

Faks

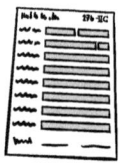

form

Formularz

document

Dokument

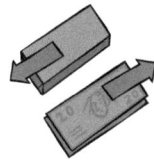

buy

kupić

pay

płacić

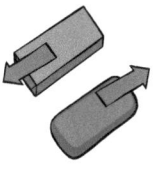

trade

postępować

money

Pieniądze

USD

dollar

Dolar

EUR

euro

Euro

JPY

yen

Jen

RUB

rouble

Rubel

CHF

Swiss franc

Frank

CNY

renminbi yuan

Juan Renminbi

INR

rupee

Rupia

cash point

Bankomat

currency exchange office

Kantor wymiany walut

gold

Złoto

silver

Srebro

oil

Olej

energy

Energia

price

Cena

contract

Umowa

tax

Podatek

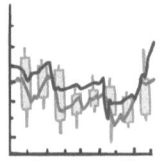

stock

Akcja

work

pracować

employee

Pracownik umysłowy

employer

Pracodawca

factory

Fabryka

shop

Sklep

occupations
Zawody

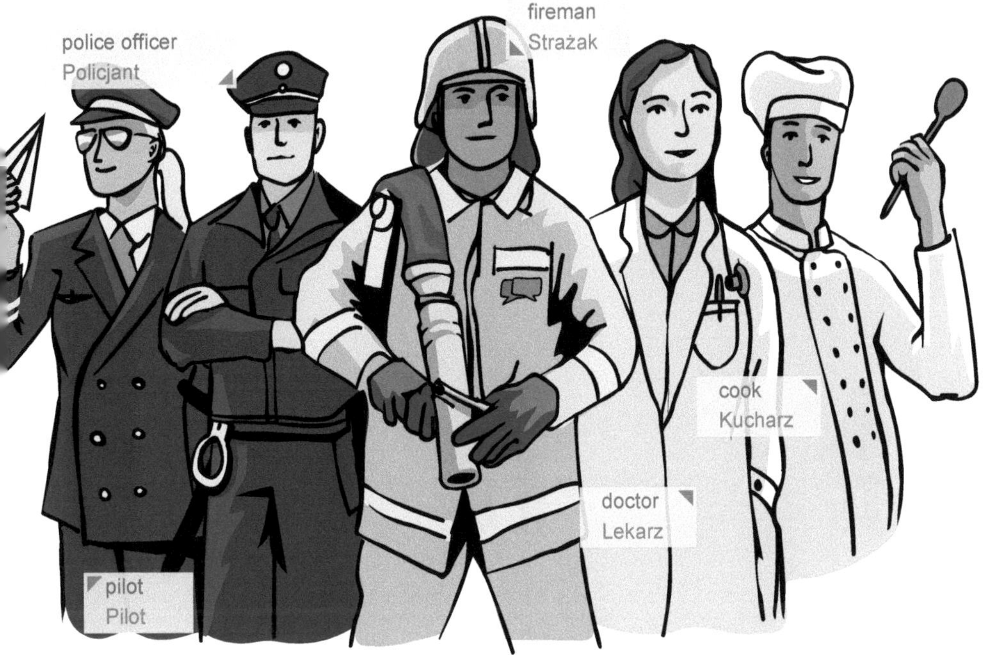
fireman
Strażak
police officer
Policjant
cook
Kucharz
doctor
Lekarz
pilot
Pilot

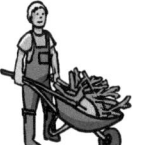

gardener

Ogrodnik

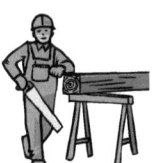

carpenter

Stolarz

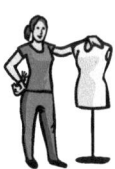

seamstress

Krawcowa

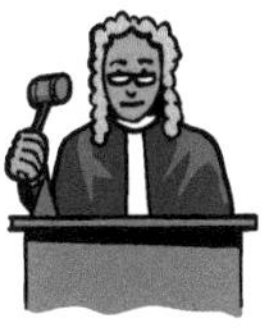

judge

Sędzia

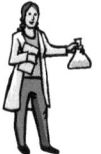

chemist

Chemik

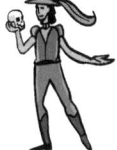

actor

Aktor

bus driver

Kierowca autobusu

taxi driver

Taksówkarz

fisherman

Fischer

cleaning lady

Sprzątaczka

roofer

Dekarz

waiter

Kelner

hunter

Myśliwy

painter

Malarz

baker

Piekarz

electrician

Elektryk

builder

Robotnik budowlany

engineer

Inżynier

butcher

Rzeźnik

plumber

Instalator

postman

Listonosz

soldier

Żołnierz

architect

Architekt

cashier

Kasjer

florist

Florysta

hairdresser

Fryzjer

conductor

Konduktor

mechanic

Mechanik

captain

Kapitan

dentist

Dentysta

scientist

Naukowiec

rabbi

Rabin

imam

Imam

monk

Mnich

pastor

Proboszcz

tools

Narzędzia

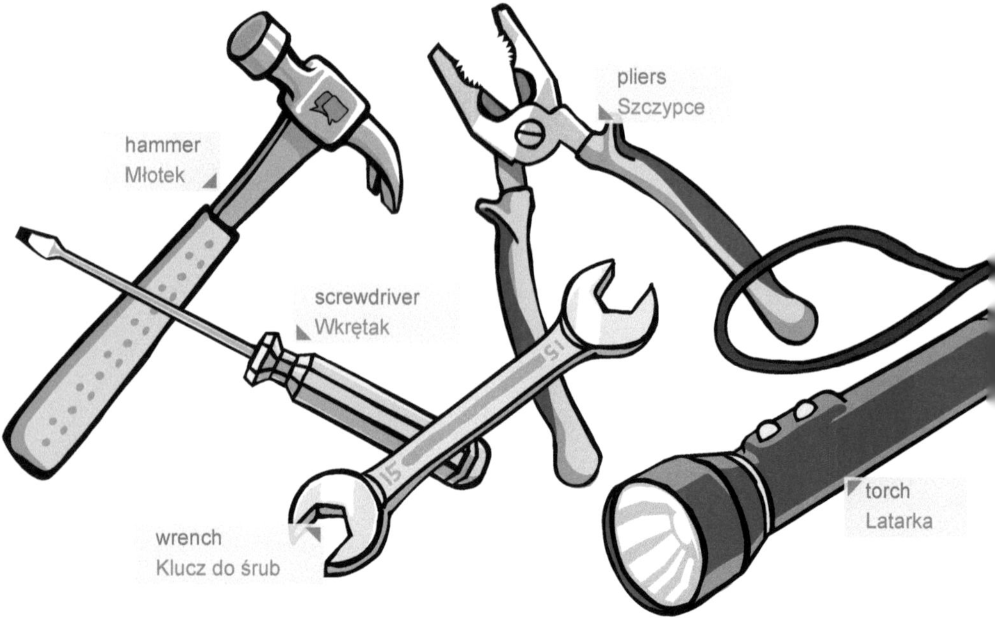
hammer
Młotek
pliers
Szczypce
screwdriver
Wkrętak
wrench
Klucz do śrub
torch
Latarka

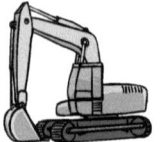

excavator

Koparka

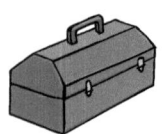

toolbox

Skrzynka narzędziowa

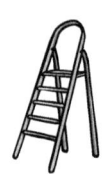

ladder

Drabina

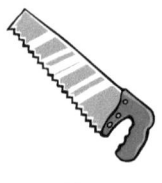

saw

Piła

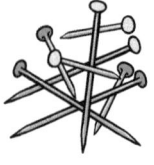

nails

Gwoździe

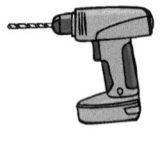

drill

Wiertło

repair
naprawić

shovel
Łopatka

Damn!
Cholera!

dustpan
Szufelka

paint can
Puszka z farbą

screws
Śruby

musical instruments
Instrumenty muzyczne

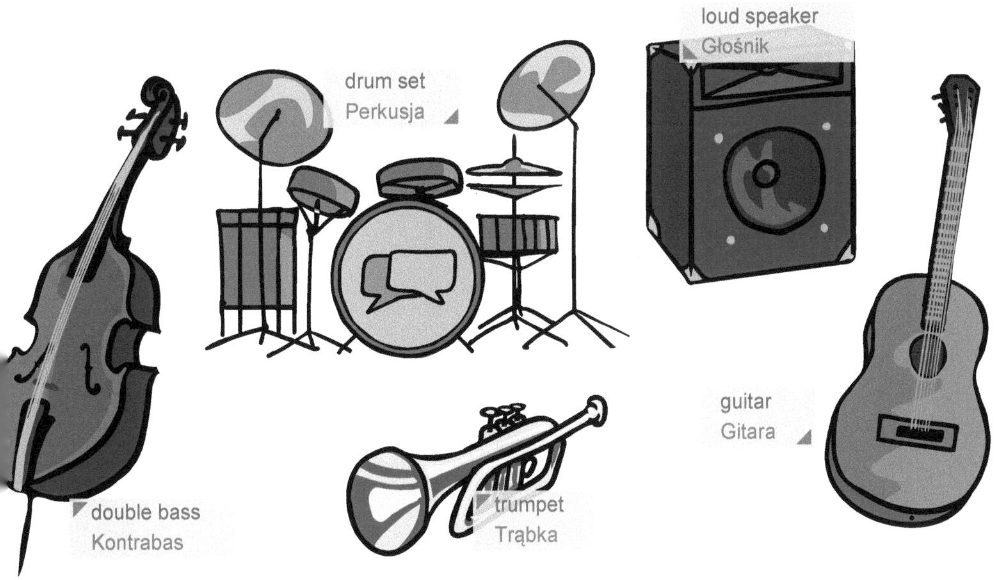

drum set
Perkusja

loud speaker
Głośnik

guitar
Gitara

double bass
Kontrabas

trumpet
Trąbka

piano

Pianino

violin

Skrzypce

bass

Bas

timpani

Kotły

drums

Bęben

keyboard

Keyboard

saxophone

Saksofon

flute

Flet

microphone

Mikrofon

ZOO

Zoo

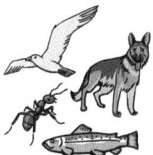

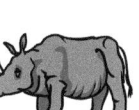

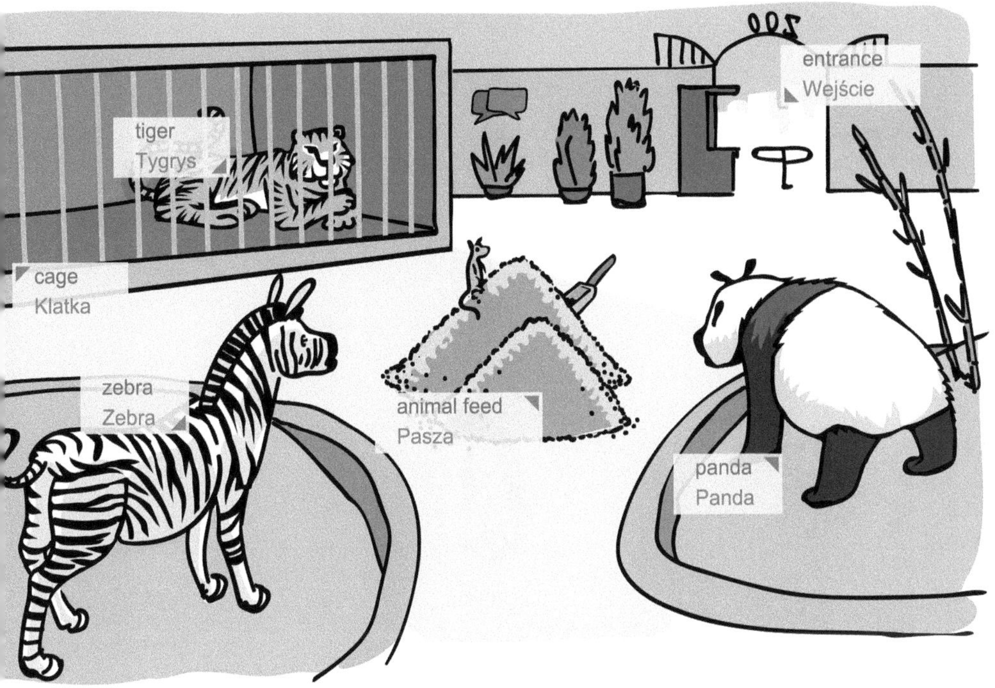

tiger
Tygrys
entrance
Wejście
cage
Klatka
zebra
Zebra
animal feed
Pasza
panda
Panda

animals

Zwierzęta

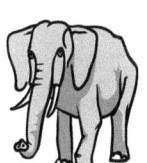

elephant

Słoń

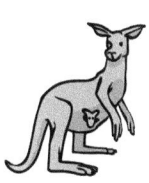

kangaroo

Kangur

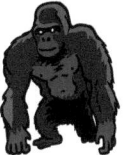

rhino

Nosorożec

gorilla

Goryl

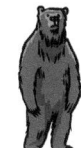

bear

Niedźwiedź

camel

Wielbłąd

ostrich

Struś

lion

Lew

monkey

Małpa

flamingo

Fleming

parrot

Papuga

polar bear

Niedźwiedź polarny

penguin

Pingwin

shark

Rekin

peacock

Paw

snake

Wąż

crocodile

Krokodyl

zookeeper

Dozorca w zoo

seal

Foka

jaguar

Jaguar

pony

Kucyk

leopard

Gepard

hippo

Hipopotam

giraffe

Żyrafa

eagle

Orzeł

boar

Dzik

fish

Ryba

turtle

Żółw

walrus

Mors

fox

Lis

gazelle

Gazela

American football
Futbol amerykański

cycling
Kolarstwo

tennis
Tenis

basketball
Koszykówka

swimming
Pływanie

boxing
Boks

ice hockey
Hokej na lodzie

soccer

Piłka nożna

badminton

Badminton

athletics

Lekka atletyka

handball

Piłka ręczna

skiing

Narciarstwo

polo

Polo

activities
Działania

laugh
śmiać się
jump
skakać
hug
objąć
walk
iść
sing
śpiewać
dream
marzyć
pray
modlić się
kiss
całować

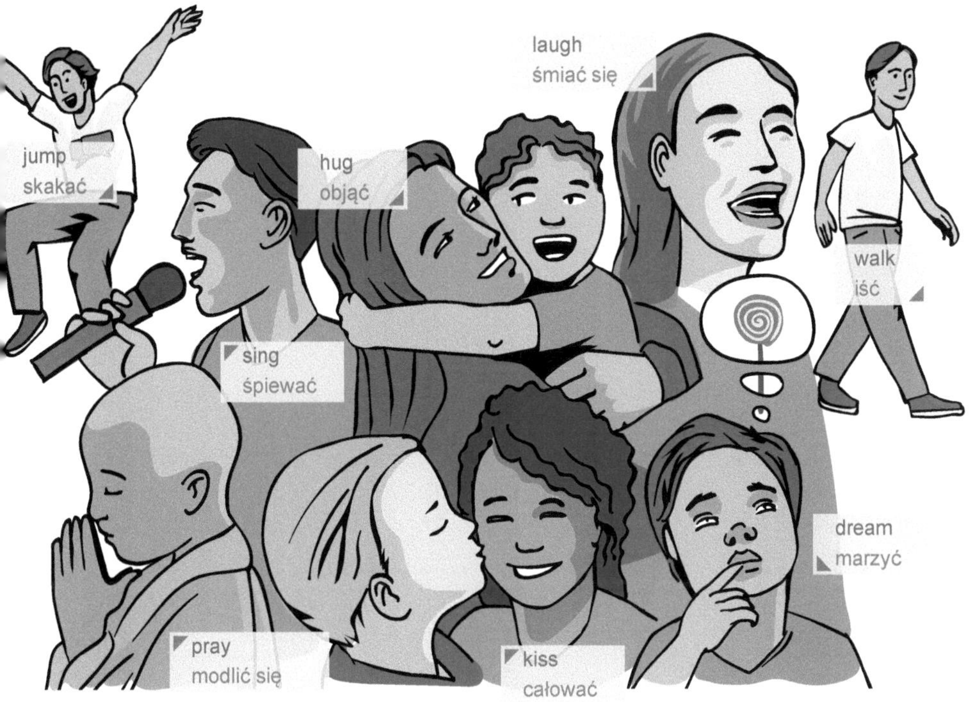

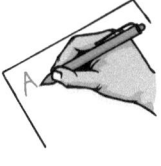

write
pisać

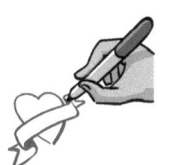

draw
rysować

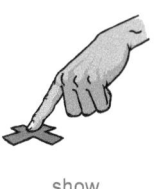

show
pokazywać

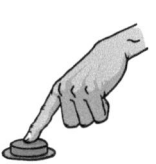

push
nacisnąć

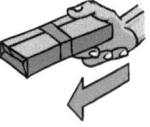

give
dać

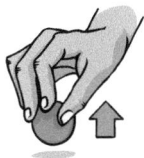

take
wziąć

have
mieć

do
robić

be
być

stand
stać

run
biegać

pull
ciągnąć

throw
rzucać

fall
spaść

lie
leżeć

wait
czekać

carry
nosić

sit
siedzieć

get dressed
zakładać

sleep
spać

wake up
budzić się

activities - Działania

look at

spojrzeć

cry

płakać

stroke

głaskać

comb

czesać się

talk

mówić

understand

rozumieć

ask

pytać

listen

słyszeć

drink

pić

eat

jeść

tidy up

sprzątać

love

kochać

cook

gotować

drive

jechać

fly

latać

sail

żeglować

calculate

liczyć

read

czytać

learn

uczyć się

work

pracować

marry

wejść w związek małżeński

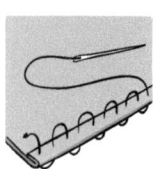

sew

szyć

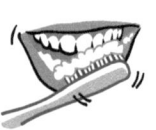

brush teeth

myć zęby

kill

zabić

smoke

palić tytoń

send

wysłać

family
Rodzina

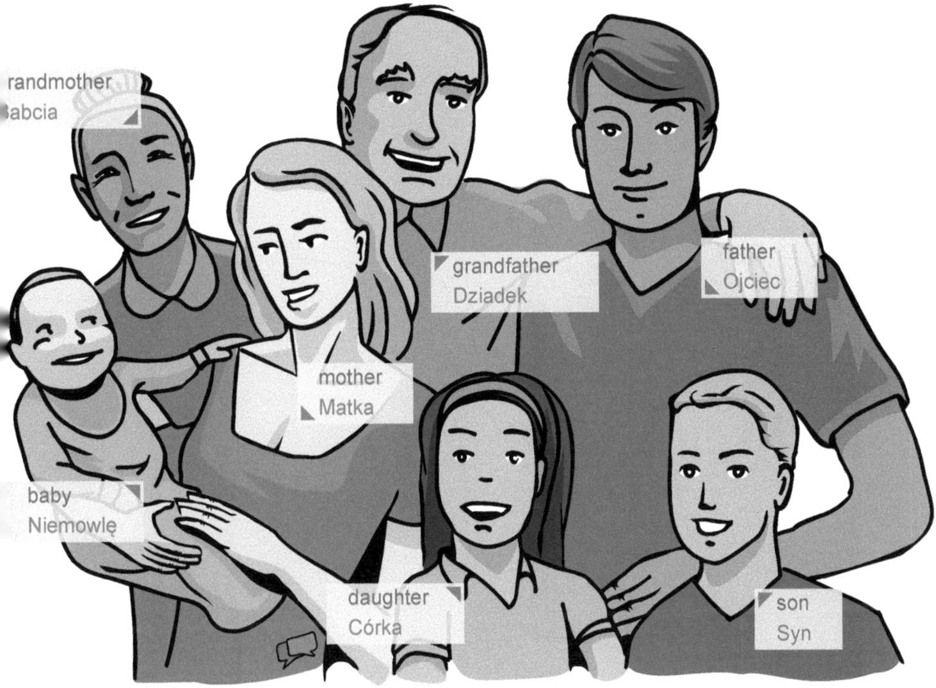
randmother
abcia
grandfather
Dziadek
father
Ojciec
mother
Matka
baby
Niemowlę
daughter
Córka
son
Syn

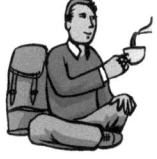

guest
Gość

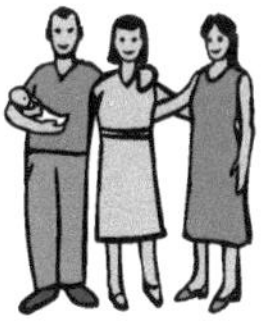

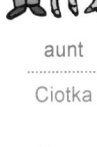

aunt
Ciotka

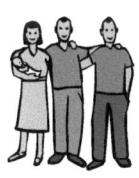

uncle
Wujek

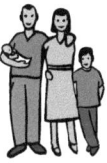

brother
Brat

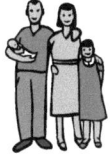

sister
Siostra

body

Ciało

forehead
Czoło
eye
Oko
shoulder
Ramię
finger
Palec
face
Twarz
chin
Broda
hand
Ręka
leg
Noga
breast
Pierś
arm
Ramię

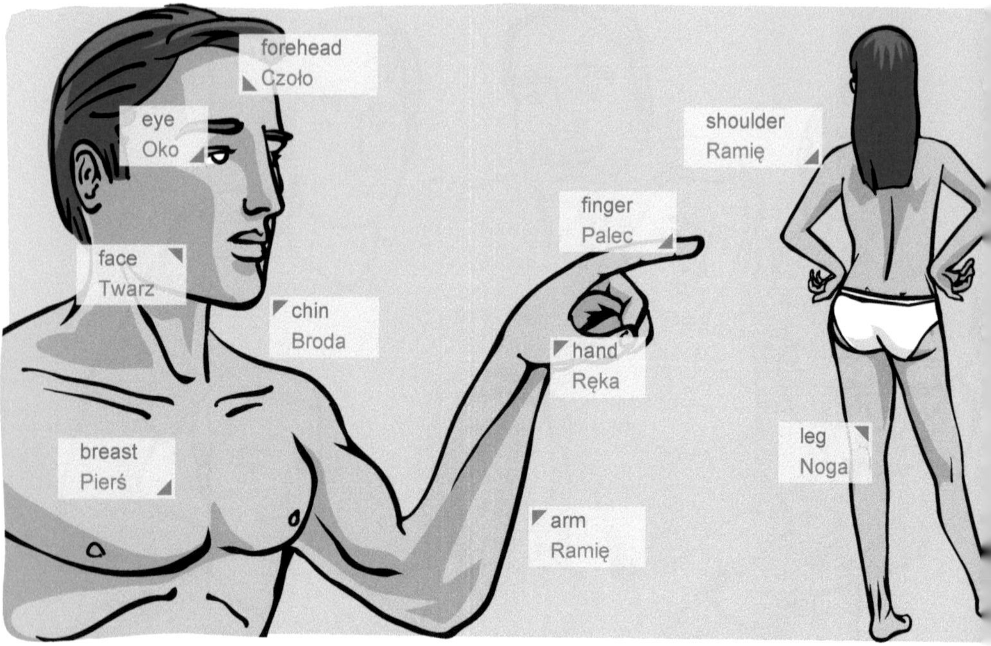

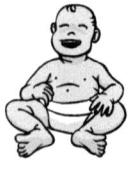

baby

Niemowlę

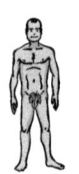

man

Mężczyzna

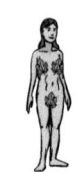

woman

Kobieta

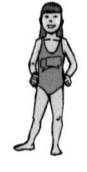

girl

Dziewczyna

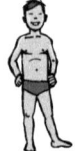

boy

Chłopiec

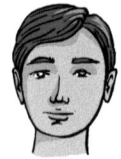

head

Głowa

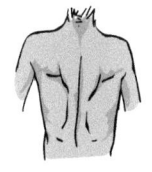

back
....
Plecy

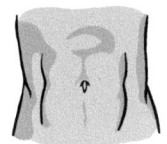

belly
....
Brzuch

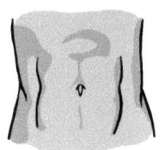

navel
....
Pępek

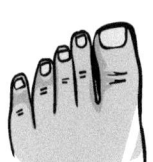

toe
....
palec nogi

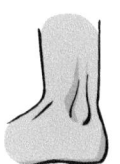

heel
....
Pięta

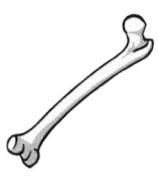

bone
....
Kość

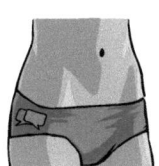

hip
....
Biodro

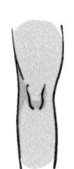

knee
....
Kolano

elbow
....
Łokieć

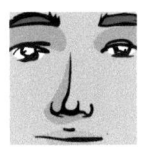

nose
....
Nos

buttocks
....
Pośladki

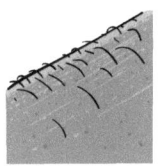

skin
....
Skóra

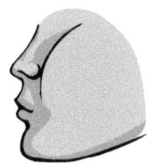

cheek
....
Policzek

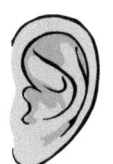

ear
....
Uszy

lip
....
Warga

body - Ciało

mouth

Usta

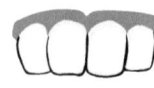

tooth

Ząb

tongue

Język

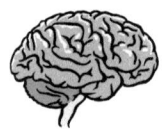

brain

Mózg

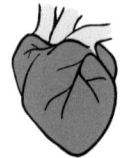

heart

Serce

muscle

Mięsień

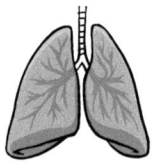

lung

Płuca

liver

Wątroba

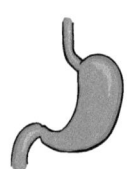

stomach

Żołądek

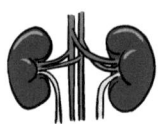

kidneys

Nerki

sex

Stosunek płciowy

condom

Kondom

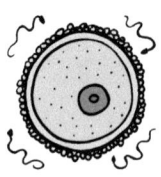

ovum

Komórka jajowa

semen

Sperma

pregnancy

Ciąża

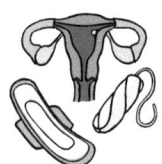

menstruation

Menstruacja

vagina

Wagina

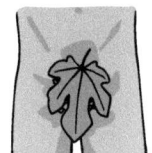

penis

Penis

eyebrow

Brew

hair

Włosy

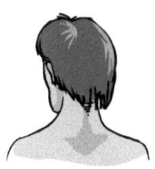

neck

Szyja

hospital
Szpital

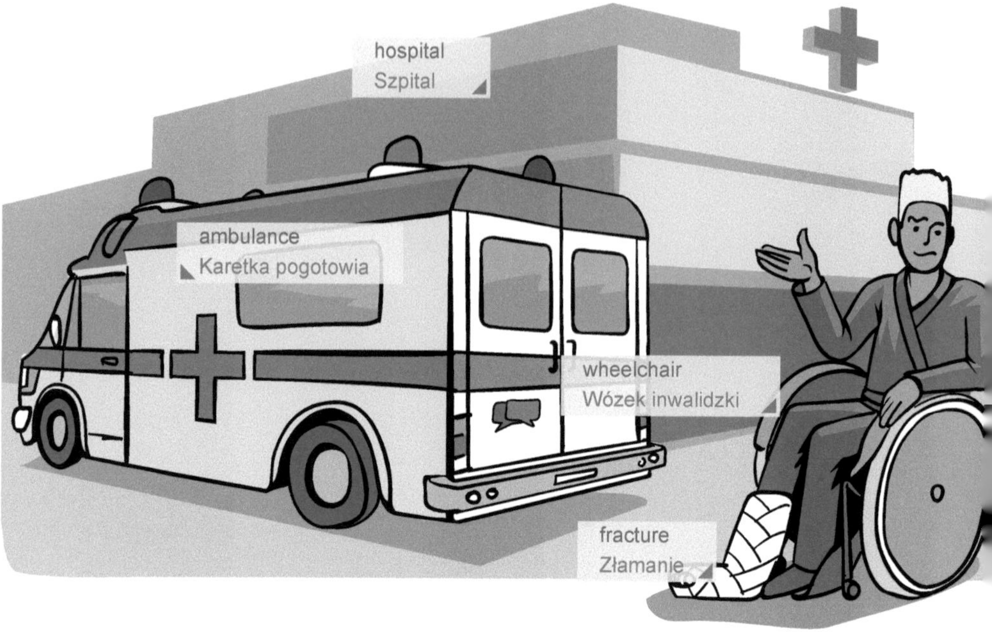

hospital
Szpital
ambulance
Karetka pogotowia
wheelchair
Wózek inwalidzki
fracture
Złamanie

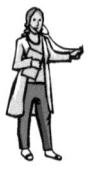

doctor

Lekarz

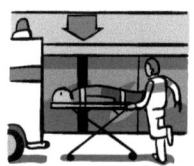

emergency room

Izba przyjęć

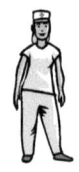

nurse

Pielęgniarka

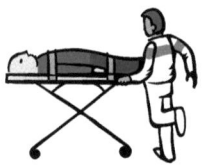

emergency

Nagły przypadek

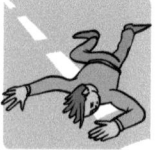

unconscious

nieprzytomny

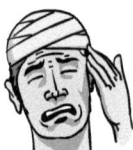

pain

Ból

injury

Skaleczenie

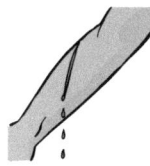

bleeding

Krwawienie

heart attack

Zawał serca

stroke

Udar mózgu

allergy

Alergia

cough

Kaszleć

fever

Gorączka

flu

Grypa

diarrhea

Biegunka

headache

Ból głowy

cancer

Rak

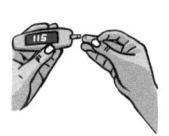

diabetes

Cukrzyca

surgeon

Chirurg

scalpel

Skalpel

operation

Operacja

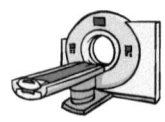

CT

CT

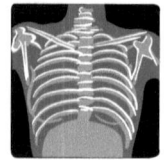

x-ray

Rentgen

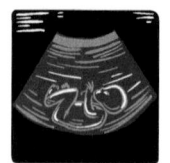

ultrasound

Ultradźwięki

face mask

Maska

disease

Choroba

waiting room

Poczekalnia

crutch

Kula

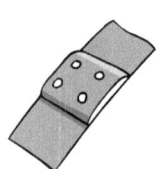

plaster

Plaster

bandage

Opatrunek

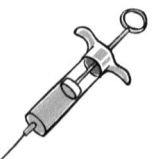

injection

Iniekcja

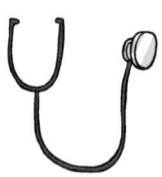

stethoscope

Stetoskop

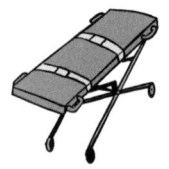

stretcher

Nosze

clinical thermometer

Termometr

birth

Poród

overweight

Nadwaga

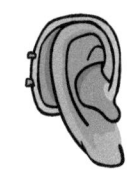

hearing aid

Aparat słuchowy

disinfectant

Środek dezynfekcyjny

infection

Infekcja

virus

Wirus

HIV / AIDS

HIV / AIDS

medicine

Medycyna

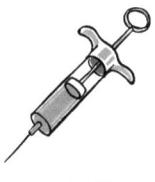

vaccination

Szczepienie

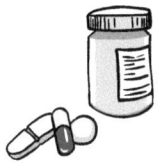

tablets

Tabletki

pill

Pigułka

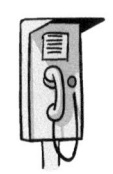

emergency call

Telefon ratunkowy

blood pressure monitor

Ciśnieniomierz krwi

ill / healthy

chory / zdrowy

Help!

Pomocy!

alarm

Alarm

assault

Napad

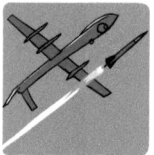

attack

Atak

danger

Niebezpieczeństwo

emergency exit

Wyjście awaryjne

Fire!

Pożar!

fire extinguisher

Gaśnica

accident

Wypadek

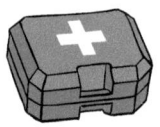

first-aid kit

Walizeczka pierwszej
pomocy

SOS

SOS

police

Policja

Europe

Europa

North America

Ameryka Północna

South America

Ameryka Południowa

Africa

Afryka

Asia

Azja

Australia

Australia

Atlantic

Atlantyk

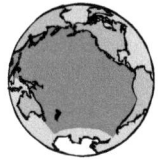

Pacific

Pacyfik

Indian Ocean

Ocean Indyjski

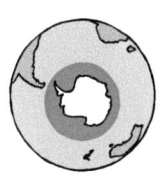

Antarctic Ocean

Ocean Antarktyczny

Arctic Ocean

Ocean Arktyczny

North pole

Biegun północny

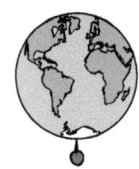

South pole

Biegun południowy

Antarctica

Antarktyda

earth

Ziemia

land

Kraj

sea

Morze

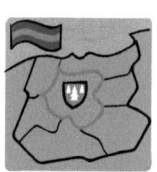

island

Wyspa

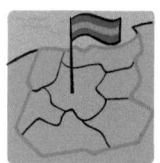

nation

Naród

state

Państwo

clock face

Cyferblat

hour hand

Wskazówka godzinowa

minute hand

Wskazówka minutowa

second hand

Wskazówka sekundowa

What time is it?

Która godzina?

day

Dzień

time

Czas

now

teraz

digital watch

Zegarek digitalny

minute

Minuta

hour

Godzina

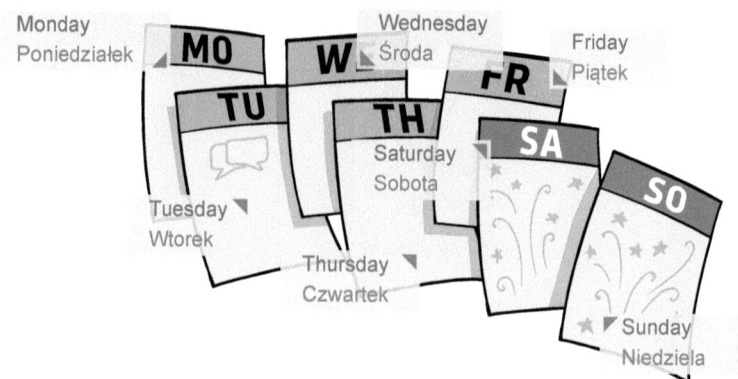

Monday
Poniedziałek

Wednesday
Środa

Friday
Piątek

Tuesday
Wtorek

Saturday
Sobota

Thursday
Czwartek

Sunday
Niedziela

yesterday

wczoraj

today

dzisiaj

tomorrow

jutro

morning

Rano

noon

Południe

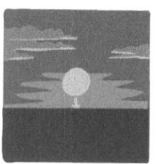

evening

Wieczór

workdays

Dni robocze

weekend

Weekend

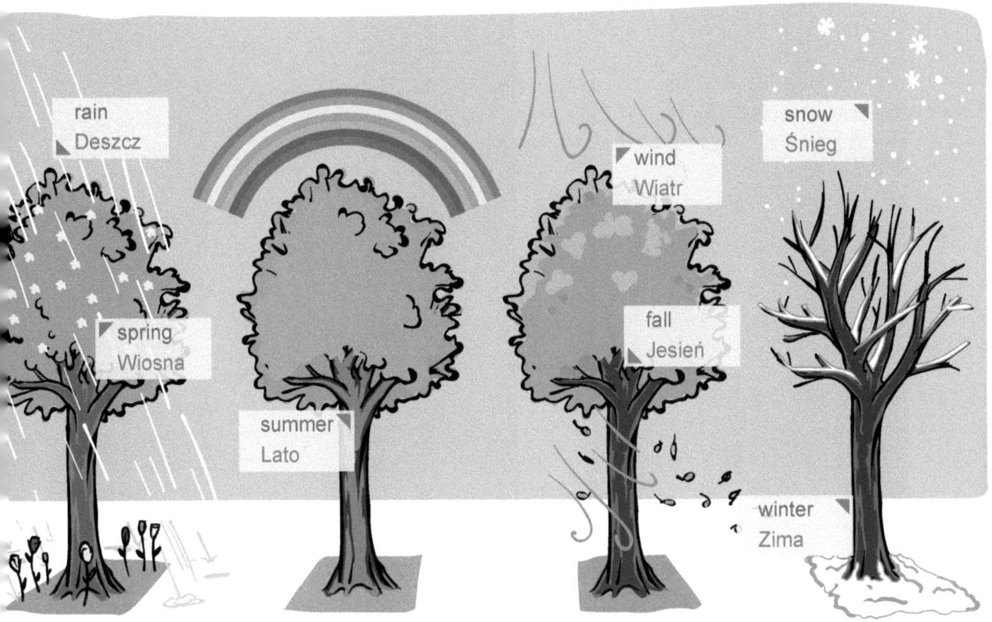

rain
Deszcz
snow
Śnieg
wind
Wiatr
spring
Wiosna
fall
Jesień
summer
Lato
winter
Zima

4.APRIL 11°
5.APRIL 4°
6.APRIL 13°
7.APRIL 8°
8.APRIL 10°

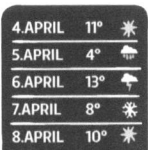

weather forecast
Prognoza pogody

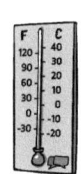

thermometer
Termometr

sunshine
Światło słoneczne

cloud
Chmura

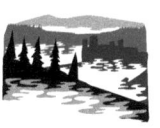

fog
Mgła

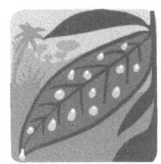

humidity
Wilgotność powietrza

lightning

Błyskawica

thunder

Grzmot

storm

Sztorm

hail

Grad

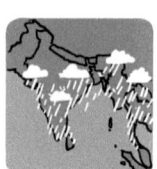

monsoon

Monsun

flood

Potop

ice

Lód

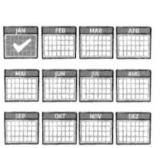

January

Styczeń

February

Luty

March

Marzec

April

Kwiecień

May

Maj

June

Czerwiec

July

Lipiec

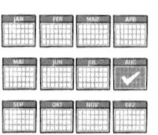

August

Sierpień

September
....
Wrzesień

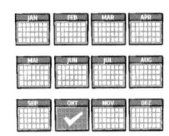

October
....
Październik

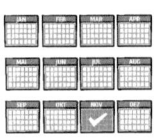

November
....
Listopad

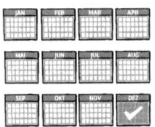

December
....
Grudzień

shapes
Kształty

circle
....
Koło

square
....
Kwadrat

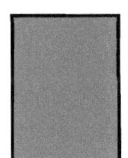

rectangle
....
Prostokąt

triangle
....
Trójkąt

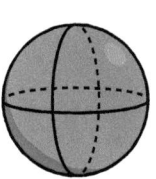

sphere
....
Kula

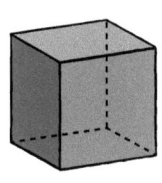

cube
....
Sześcian

white

biały

yellow

żółty

orange

pomarańczowy

pink

różowy

red

czerwony

purple

liliowy

blue

niebieski

green

zielony

brown

brązowy

gray

szary

black

czarny

a lot / a little
dużo / mało

angry / calm
wściekły / spokojny

beautiful / ugly
piękny / brzydki

beginning / end
początek / koniec

big / small
duży / mały

bright / dark
jasny / ciemny

brother / sister
brat / siostra

clean / dirty
czysty / brudny

complete / incomplete
kompletny / niekompletny

day / night
dzień / noc

dead / alive
umarły / żywy

wide / narrow
szeroki / wąski

edible / inedible

jadalny / niejadalny

evil / kind

zły / uprzejmy

excited / bored

podniecony / znudzony

fat / thin

gruby / chudy

first / last

najpierw / na końcu

friend / enemy

przyjaciel / wróg

full / empty

pełen / pusty

hard / soft

twardy / miękki

heavy / light

ciężki / lekki

hunger / thirst

głód / pragnienie

ill / healthy

chory / zdrowy

illegal / legal

nielegalny / legalny

intelligent / stupid

inteligentny / głupi

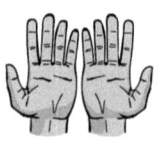

left / right

lewo / prawo

near / far

bliski / daleki

opposites - Przeciwieństwa

new / used

nowy / używany

nothing / something

nic / coś

old / young

stary / młody

on / off

włącz / wyłącz

open / closed

otwarty / zamknięty

quiet / loud

cichy / głośny

rich / poor

bogaty / biedny

right / wrong

prawidłowy / błędny

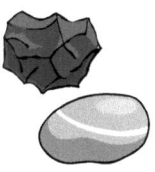

rough / smooth

chropowaty / gładki

sad / happy

smutny / szczęśliwy

short / long

krótki / długi

slow / fast

powolny / szybki

wet / dry

mokry/suchy

warm / cool

ciepły / chłodny

war / peace

wojna / pokój

0

zero

zero

1

one

jeden

2

two

dwa

3

three

trzy

4

four

cztery

5

five

pięć

6

six

sześć

7

seven

siedem

8

eight

osiem

9

nine

dziewięć

10

ten

dziesięć

11

eleven

jedenaście

12

twelve

dwanaście

13

thirteen

trzynaście

14

fourteen

czternaście

15

fifteen

piętnaście

16

sixteen

szesnaście

17

seventeen

siedemnaście

18

eighteen

osiemnaście

19

nineteen

dziewiętnaście

20

twenty

dwadzieścia

100

hundred

sto

1.000

thousand

tysiąc

1.000.000

million

milion

numbers - Liczby

languages

English
Angielski

American English
Angielski amerykański

Chinese Mandarin
Chiński mandaryński

Hindi
Hindi

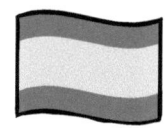

Spanish
Hiszpański

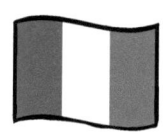

French
Francuski

Arabic
Arabski

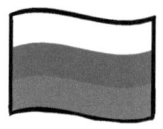

Russian
Rosyjski

Portuguese
Portugalski

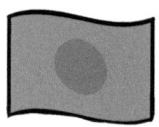

Bengali
Bengalski

German
Niemiecki

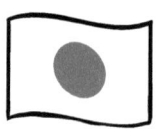

Japanese
Japoński

I

ja

you

ty

he / she / it

on / ona / ono

we

my

you

wy

they

oni

who?

kto?

what?

co?

how?

jak?

where?

gdzie?

when?

kiedy?

name

Nazwisko

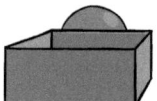

behind

za

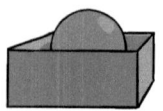

in

w

in front of

przed

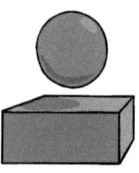

over

powyżej

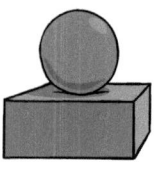

on

na

under

pod

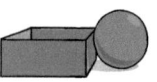

beside

obok

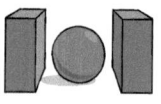

between

między

place

Miejsce